MARIUS ANDRÉ

LA CATALOGNE
ET
LES GERMANOPHILES

(Catalunya i els germanòfils)

TEXT FRANCÈS
Traducció catalana de J. ALADERN

LLIBRERIA ESPANYOLA
RAMBLA DEL MIG, NÚM. 20
BARCELONA

LA CATALOGNE ET LES GERMANOPHILES

MARIUS ANDRÉ

LA CATALOGNE
ET
LES GERMANOPHILES

(Catalunya i els germanòfils)

TEXT FRANCÈS
Traducció catalana de J. ALADERN

LLIBRERÍA ESPANYOLA
RAMBLA DEL MIG, NÚM. 20
BARCELONA

Antoni López, impressor : Olm, 8 : Barcelona

> L'empire est près de choir et la France se lève.
> CORNEILLE

> L'imperi està caient i la França s'aixeca.

Le sculpteur roussillonnais Gustave Violet, officier de réserve, a adressé récemment, au moment de partir pour la guerre, une lettre au Catalan germanophile Eugenio d'Ors (Xenius.) Publiée dans le journal barcelonais *El Liberal*, cette lettre a produit dans le monde des régionalistes catalans une certaine émotion que l'on comprendra facilement à la lecture du préambule:

«Mon cher Xenius, malgré la rude vie que nous menons et qui nous laisse peu de loisirs pour les choses de l'esprit, veuillez me permettre de dire mon mot sur vos lettres à Tina. Il me semble que je suis assez des vôtres par le coeur, la mentalité et l'origine, pour me croire permis de discuter avec vous. La France, qui ne compte que sur la seule vérité pour voir se créer une opinion dans le monde, ne cherche pas à faire á l'étranger de propagande à grand tapage. Mais ici le cas est spécial car pour nous, gens du Roussillon, Barcelone n'est pas à l'étranger; c'est la vieille maison de nos pères toujours vivante au coeur de chacun de nous.»

Peu de jours après, M. Aguilar reprenait et accen-

L'escultor rossellonès en Gustau Violet, oficial de reserva, ha adreçat ara de poc, al moment de partir per a la guerra, una lletra al català germanòfil Eugeni d'Ors *(Xenius)*. Publicada en les planes del diari barceloní *El Liberal,* aqueixa lletra ha produit, entre els regionalistes catalans, una certa emoció, ben fàcil de compendre si es té en compte la lectura del preàmbul:

«Mon car *Xenius:*

»Malgrat la ruda vida que portem i que ens deixa tan poc de lleure per les coses del esperit, permeteu-me que vos diga quatre mots sobre vostres lletres a Tina.

»Me sembla que jo soc prou dels vostres per el cor, per la mentalitat i per l'origen, per considerar-me amb drets per discutir amb vos. La França, comptant sols amb la veritat per crear-se una opinió favorable en el món, no busca pas fer al estranger una propaganda a grans crits. Mes aquí el cas és especial, car per nosaltres, gent del Rosselló, Barcelona no és pas al estranger; és la vella casa pairal sempre present al cor de cada un de nosaltres.»

tuait dans *l'Esquella de la Torratxa* les plaintes exprimées avec tant d'éloquence et de noblesse par son ami. Il représentait Violet, qu'il avait rencontré deux mois auparavant à Perpignan, plongé dans la tristesse: «Il s'attendait à partir pour le front d'un moment à l'autre, et pourtant sa peine ne venait pas de la crainte de perdre une vie d'art et de confort, ses paroles n'étaient pas de révolte contre la fatalité qui mettait la mort sur son chemin; mais, d'une voix basse et endolorie contrastant avec son corps puissant que l'uniforme rendait plus arrogant encore, il égrenait ses sentiments pour l'indifférence et l'inimitié de la Catalogne.»

A mon tour, je crois devoir intervenir dans le débat. Ma qualité d'écrivain provençal, c'est-à-dire de membre de la grande fraternité dont je parlerai plus loin me donne autant de droits qu'à Violet. On veut bien ne pas oublier à Barcelone (m'est-il permis d'évoquer ce souvenir personnel?) qu'il y a quelque vingt ans, presque à mes débuts littéraires, j'ai collaboré assidûment à *la Veu de Catalunya*, ce même journal qui publie les lettres de Xenius à une petite Allemande; et l'on n'ignore point que je consacre au glorieux passé de la Catalogne des études de littérature et d'histoire.

D'autre part, il me paraît utile de mettre les choses au point et de montrer aux Catalans français que l'on accorde une trop grande importance aux élucubration de quelques isolés.

Il faut qu'on soit convaincu, à Paris aussi, que la

Pocs dies després, el senyor Aguilar reprenia i accentuava en *L'Esquella de la Torratxa*, les queixes manifestades amb tanta eloqüencia i noblesa per son amic. Pintava an en Violet, que havía trobat dos mesos abans a Perpinyá, morfongut per la tristesa. «Esperava marxar en una hora qualsevol cap al front i, no obstant, no era la seva pena per el temor de perdre una vida d'art i de confort, no eren les seves paraules de revolta contra la fatalitat que posava la mort en el séu camí, sinó que amb una vèu baixa i endolorida que contrastava amb el séu còs poderós, fet més arrogant per l'uniforme, desgranava el séu sentiment per l'indiferencia i l'enemiga de Catalunya».

Al meu torn, jo crec un dever intervenir en el debat. Ma calitat d'escriptor provençal, és a dir, de membre de la gran germanía de la que parlaré més enllà, me dona el mateix dret que an en Violet. A Barcelona tenen la bondat de no oblidar (sigue'm permès evocar aquest record personal) que hi hà uns vint anys, quasi als meus principis literaris, vaig col·laborar assiduament a *La Veu de Catalunya*, en aquest mateix diari que publica les lletres de *Xenius* a una nena alemanya. Tampoc ignoren que jo he consagrat al gloriós passat de la Catalunya alguns estudis de literatura i d'historia.

Per altra part, me sembla útil el posar les coses en son lloc i mostrar als catalans francesos que's dóna una importancia desmesurada a les elucubracions de alguns isolats.

Cal que fins a París se convencin, que la Catalu-

LA CATALOGNE ET LES GERMANOPHILES

Catalogne n'est pas et ne peut pas être germanophile. Je sais qu'un manifeste des amis catalans de l'unité morale de l'Europe a indigné quelques écrivains bons français et a été applaudi par un seul qui a quitté sa patrie et lui est infidèle dans les tragiques circonstances présentes. Les noms des signataires sont inconnus en France, ce qui lui ôterait toute autorité si l'un d'eux, précisément celui d'Eugenio d'Ors-Xenius n'était suivi de ce titre glorieux: «membre de l'Institut.» Il est bon qu'on sache ceci:

Il y a à Barcelone une société d'érudits et de patriotes régionalistes qui ont créé une bibliothèque catalane et éditent des oeuvres de littérature et d'art; elle s'appelle «Institut d'études catalanes.» Eugenio d'Ors est quelque chose comme secrétaire appointé du comité ou sous-bibliothécaire. C'est pourquoi il a fait suivre sa signature des mots «membre de l'Institut.» Tout simplement!

En France, où seuls les membres de nos Académies qui composent l'Institut de France peuvent prendre ce titre, cela produit un très grand effet. C'est sans doute ce qu'on a voulu. Que voilà un procédé bien allemand!

Les quelques Catalans germanophiles commettent une faute qui pèserait lourdement sur l'avenir de leur nation si — ce qui est impossible — leur nombre grandissait et s'ils finissaient par convaincre le peuple, car

nya no és ni pot ésser germanòfila. Jo sé que un cert manifest dels amics catalans de l'unitat moral de l'Europa, ha indignat an alguns escriptors bons francesos i ha sigut aplaudit solament per un que ha desertat de sa patria i li és infidel en les tràgiques circumstancies presents. Els noms dels firmants són desconeguts a França, ço que li llevaría tota importancia si un de ells, precisament el de l'Eugeni d'Ors, *Xenius*, no fós seguit d'aquest títol gloriós: «membre de l'Institut».

També és convenient que se sàpiga això:

Hi hà a Barcelona una societat d'erudits i de patriotes regionalistes que han creat una biblioteca catalana i editen obres de literatura i art. Aquesta societat se nomena «Institut d'Estudis Catalans». L'Eugeni d'Ors n'és una cosa aixi com secretari assalariat del comitè o bé sub-bibliotecari. Es per això que ell ha fet seguir la seva signatura dels mots «membre del Institut». Res més que això!

A França, on solament els membres de les nostres Academies qui composen l'Institut de França poden pendre aquest títol, això produeix un grandíssim efecte. Això és sens dubte lo que se ha buscat. Veus-aquí, un procediment ben alemany!

Els pocs catalans germanòfils cometen una falta que pesaría llordament damunt l'avenir de la seva nació si, lo que és impossible, son nombre augmentés i acabessin per convèncer al poble; car no és sens un

ce n'est pas sans un juste châtiment du Destin qu'une race abandonne sa tradition et s'enivre de barbares idéologies étrangères.

Oui, Xenius, vous et vos rares et obscurs amis qui vous dites traditionalistes, vous reniez toutes vos traditions; vous Latins, vous trahissez la Latinité; vous dont les ancêtres avec leurs frères de la Méditerranée française portèrent, an Moyen-Age, entre leurs mains le flambeau de la civilisation européenne, vous vous extasiez devant un peuple de brutes qui, d'après les propres paroles de son plus grand écrivain, ne peut être encore civilisé:

«Nous autres Allemands, a dit Goethe, nous sommes d'hier. Sans doute, notre travail civilisateur a été assez intense depuis cent ans, mais il se passera encore deux ou trois siècles avant qu'une civilisation supérieure ait pénétré nos compatriotes.»

Gérard Hauptmann affirme qu'il n'y a pas un soldat allemand qui n'ait dans son sac un volume de Schopenhauer. Est-ce celui dans lequel on lit cette terrible confession: «Je dois dire que j'ai toujours méprisé les Allemands et que je rougis d'appartenir à leur race?»

Voici encore une citation: «Je ne crois qu'à la civilisation française. Les rares cas de haute culture que j'ai rencontrés en Allemagne étaient tous d'origine française... *Partout où l'Allemagne pénètre, elle corrompt la culture... Les Allemands ont sur la conscience tous les grands crimes commis contre la culture pendant les quatre derniers siècles.*»

just càstic del Destí, que una raça abandona sa tradició i s'emborratxa de barbres ideologies estrangeres.

Sí, *Xenius*, vos i vostres rars i obscurs amics qui vos dieu tradicionistes, renegueu de totes les vostres tradicions. Vosaltres, llatins, traïu la llatinitat; vosaltres dels qui els passat amb llurs germans del Mediterrani francès portàreu a l'Edat Mitjana, la flama de la civilització europea, vos extasieu davant d'un poble de brutus qui, segons les propies paraules del séu més gran escriptor, no pot ésser encara civilitzat:

«Nosaltres, els alemanys—diu Gœthe,—som tot just d'ahir. Sens dubte nostre treball civilitzador ha estat prou intens d'ençà de cent anys, mes passaràn encara dos o tres segles ants que una civilització superior hagi penetrat als nostres compatriotes.»

Gerard Hauptmann, afirma que no hi hà pas un sol soldat alemany que no porti dins son sac un volum de Schopenhauer. Es el llibre on se llegeix aquesta terrible confessió?: «Jo dec dir que sempre he menyspreuat als alemanys, i que me'n dono vergonya de pertenèixer a la seva raça».

Veus-aquí una altra citació: «Jo sols crec en la civilització francesa. Els pocs casos d'alta cultura que he retrobat a Alemanya, són tots de origen francès... *Per tot on l'Alemanya penetra, corromp la cultura... Els alemanys tenen sobre la conciencia tots els grans crims comesos contra la cultura durant els quatre derrers segles.*» Qui parla aixì? No és pas en Barrès ni en Daudet com tothom podria creure, és en Frederic Nietzsche.

LA CATALOGNE ET LES GERMANOPHILES

Qui parle ainsi? Ce n'est pas Barrès ni Daudet comme on pourrait le croire; c'est Frédéric Nietzsche.

Ainsi, l'Allemagne offre au monde ce scandale inouï d'un peuple méprisé, maudit par ses plus grands écrivains. Et vous qui avez l'honneur d'être Catalan vous êtes plus germain que ces trois hommes qui ont tant souffert de la barbarie au milieu de laquelle ils étaient nés!

Auriez-vous honte d'être un homme méditerranéen? Alors, vous ne mériteriez pas de l'être. Ecoutez cette définition:

«*Homo mediterraneus!* L'expression doit être entendue au sens historique: l'*Homo mediterraneus*, c'est l'*Homme classique*, c'est l'homme qui participe par sa naissance au trésor intellectuel, moral et social légué par Athènes et Rome à la plus haute civilisation humaine. Le Barbare (sauf d'infiniment rares exceptions comme Goethe) ne saurait devenir en une génération homme classique, — sût-il par cœur tous les auteurs grecs et latins. Cela suppose une formation de toute l'âme, donc une culture séculaire, qui est bien autre chose que la culture germanique.»

Opposerez-vous donc à l'homme méditerranéen l'homme germain et donnerez-vous la préférence à celui-ci? Les Allemands, malgré le mépris qu'ont pour eux leurs quelques hommes d'élite, se prétendent la race la plus parfaite du monde, donc élue pour le

Aixís l'Alemanya ofereix al món un escàndol inouit d'un poble menyspreaut, maleit pels séus més grans escriptors. I vos que teníu l'honra d'ésser català, vos sou més germànic que aqueixos tres homes que tant han sofert de la barbarie al mig de la qual eren nats!

Vos en donareu vergonya d'ésser un home mediterrà? Aleshores vos no mereixeu pas ésser-ho. Escolteu aquesta definició:

«*Homo mediterraneus*. L'expressió deu ésser entesa en sentit històric; l'*Homo mediterraneus*, és l'*Home clàssic*, és l'home que participa per sa naixença al tresor intelectual, moral i social llegat per Atenes i Roma a la més alta civilització humana. El barbre (salvades infinitament rares escepcions com Goethe), no sabría devenir en una generació home clàssic, encara que sàpiga de cor tots els autors grecs i llatins. Això suposa una formació de tota l'ànima, és a dir, una cultura secular, lo que és tot una altra cosa que la cultura germànica.

* * *

Opossreu, doncs, a l'home mediterrà l'home germànic i donareu la preferencia an aquest? Els alemanys, malgrat el menyspreu que per ells tenen sos pocs homes escullits, se creuen la raça més perfecta del món, elegida per a dominar-lo. Ells basen triomfal-

dominer. Ils basent triomphalement leur prétention sur les oeuvres d'un Français, Gobineau, qui était un esprit ingénieux et chimérique:

«Les pangermanistes, écrit un Junius qui me paraît bien être Paul Bourget, se sont emparés des parties les plus contestables de son système pour faire de lui un des prophètes de l'universelle conquête dont ils rêvent avec ce mélange de mysticisme et de brutalité, de pédantisme et de mensonge propre à la Prusse... Gobineau abhorrait les Prussiens dans lesquels il discernait un énorme apport de sang finnois et dont le despotisme étatique était contraire à toutes les conceptions d'un idéal aryen. Cet idéal avait pour lui sa citadelle en Angleterre.»

De son côté, mon ami René de Marans fait observer avec juste raison: «Dans l'esprit de Gobineau, la race germanique a pris une valeur abstraite et mythique, et il ne lui est jamais venu à l'esprit de l'identifier avec ce que nous voyons en chair et en os, au milieu de l'Europe, la race allemande. Il s'y est, au contraire, nettement refusé, et passant en revue les différentes nations européennes, il n'a pas hésité malgré les liens intellectuels qui le rattachaient à l'Allemagne, à considérer cette nation, à l'exception de deux ou trois régions telles que le Holstein, le Hanovre et le pays rhénan, *comme un des mélanges ethniques les plus inférieurs qui soient en Europe.*»

Les Allemands, pour les besoins de leur cause et de leurs prétentions insensées, ont donc falsifié Gobineau comme ils ont falsifié, mutilé Strabon et César pour

ment les seves pretensions sobre les obres d'un francès, Gobineau, qui era un esperit ingeniós i quimèric.

«Els pangermanistes—escriu un Junius que'm sembla molt segur ésser en Paul Bourget, se són amparats de les parts menys consistents de son sistema per fer d'ell un dels profetes de l'universal conquesta que ells somnien amb aqueixa mescla de misticisme i de brutalitat, de pedantisme i de mentida propi de la Prussia. En Gobineau aborria als prussians en els quals hi descobria un enorme aport de sang finesa i en quins el despotisme estàtic era contrari a totes les concepcions d'un ideal aryà. Aquest ideal tenía per ell la seva fortalesa a Inglaterra.»

Per sa banda, el meu amic René de Marans, fa observar amb justa raó: «En l'esperit de Gobineau, la raça germànica ha pres una valor abstracta i mística, i no li és vinguda jamai la intenció d'identificar-la amb això que nosaltres veiem en carn i òssos al mig de l'Europa, la raça alemanya. Molt al contrari, s'hi és refusat francament, i passant en revista diferentes nacions europees, no ha reparat malgrat els lligams naturals que l'unien a l'Alemanya, a considerar aqueixa nació, escepció feta de dues o tres regions, tals com l'Holstein, l'Hanovre i el país rhenan, *com una de les barreges ètniques de les més inferiors que hi hagi a l'Europa.*»

Els alemanys, per les necessitats de llur causa i de llurs pretensions insensates, han falsificat, doncs, an en Gobineau de la mateixa manera que han falsificat i mutilat a Strabon i a Cèsar per a pretendre

essayer de prouver que la race gauloise ne s'étendait pas jusqu'au Rhin.

Le vénérable Strabon avait bien raison en écrivant des Germains que: «ce sont des gens dont il faut se méfier toujours».

Les savants allemands, qui ne sont que des fonctionnaires domestiqués, ont mis leur science falsifiée au service de l'abominable politique de leurs maîtres. Vous qui avez fait vos études en Allemagne, ô Xenius, connaissez-vous les *Monumenta Germaniæ?* Savez-vous que le premier volume de cette collection fut mis au pilon aussitôt après l'apparition d'un article d'un jeune historien français, Auguste Longnon, qui y avait relevé une centaine d'erreurs et de mensonges?

La Science allemande! mots vides de sens. Il y a la Science, ou plutôt des sciences. Que doivent-elles aux Allemands et aux Français? Comme il est bon qu'en pareilles questions un simple littérateur se réfère à des spécialistes, je remettrai sous les yeux de Xenius la citation déjà empruntée par Violet à René Quinton, à l'illustre auteur de *L'eau de mer milieu organique:*

«Les principales sciences biologiques sont: la chimie, l'anatomie comparée et la paléontologie, la zoologie, l'embryogénie, l'histologie, la physiologie, la microbiologie.

«Or, un homme fonde la chimie: Lavoisier; un homme fonde l'anatomie comparée et la paléontologie: Cuvier;

provar que la raça dels gals no s'estenia fins al Rhin.

El venerable Strabon tenia força raò quan escrivia dels germànics que: «són gent de les quals cal malfiar-se'n sempre».

Els savis alemanys, que no són altra cosa que funcionaris domèstics, han posat llur ciencia falsificada al servei de l'abominable política de llurs amos. Vos, qui haveu fet vostres estudis a l'Alemanya, oh *Xenius*, coneixeu els *Monumenta Germaniæ?* Sabeu que'l primer volum d'aquesta col·lecció fou destruit pels editors desseguida d'haver vist la llum un article d'un jove francès, August Longnon, el qual hi descobrí una centena d'errors i de mentides?

La ciencia alemanya? Mots buits de sentit. Hi hà sols la ciencia, o millor dit les ciencies. Què és lo que elles deuen als alemanys i als francesos? Com que és convenient que en semblants qüestions un simple literat se refereixi a especialistes, jo posaré sota els ulls d'en *Xenius*, la citació ja emmatllevada per en Violet a René Quinton, a l'il·lustre autor de *L'aigua de mar, medi orgànic:*

«Les principals ciencies biològiques són: la química, l'anatomia comparada, la paleontologia, la zoologia, l'embriogenia, l'histologia, la fisiologia, la microbiologia.

»Doncs, un home fonda la química: Lavoisier; un

un homme fonde la zoologie philosophique: Monet de Lamarck; un homme fonde l'embryogénie: Geoffroy Saint-Hilaire; un homme fonde la physiologie: Claude Bernard; un homme fonde la microbiologie: Pasteur. A Lavoisier nous devons toutes les connaissances que nous possédons sur la constitution fondamentale du monde; à Cuvier les méthodes et les lois qui ont permis la classification des êtres aujourd'hui vivants et la reconstitution de ceux qui peuplaient le globe aux époques disparues; à Lamarck, la grande pensée de l'évolution; à Geofroy Saint-Hilaire, la notion du parallélisme entre les tranformations embriogénaires et les transformations antérieures des espèces; à Richat, la révélation des tissus organiques; à Claude Bernard, l'introduction du déterminisme dans les phénomènes physiologiques; à Pasteur, la conception de la maladie en même temps que la découverte, par la seule induction, de tout un univers invisible. Ainsi, les connaissances fondamentales sur lesquelles repose notre conception même du monde vivant ont une origine qui est française».

Il en est de même dans le domaine des autres sciences, les mathématiques pures, la physique générale, l'optique, etc. Partout des noms de Français auxquels s'ajoutent parfois des noms de dignes émules étrangers. Où sont les savants allemands, où est la Science allemande? «Il ne faut pas confondre, dit M. Emile Picard, l'augmentation du rendement scientifique avec le progrès réel de la science». Aux yeux d'une partie mal instruite de l'opinion publique européenne, la prétendue

home fonda l'anatomía comparada i la paleontologia: Cuvier; un home fonda la zoologia filosòfica: Monet de Lamarck; un home fonda l'embriogenia: Geoffroy Saint Hilaire; un home fonda la fisiologia: Claudi Bernard; un home fonda la microbiologia: Pasteur.

»A Lavoisier li devem tots els coneixements que possseim sobre la constitució fonamental del món; a Cuvier els mètodes i les lleis que'ns han permés la classificació dels éssers avui vivents i la reconstitució dels que poblaven la terra en les èpoques passades; a Lamarck, la gran pensada de l'evolució; a Geoffroy Saint Hilaire, la noció del paralelisme entre les transformacions embriogenaries i les transformacions anteriors de les especies; a Richat, la revelació dels teixits orgànics; a Claudi Bernard, l'introducció del determinisme en els fenòmens fisiològics; a Pasteur, la concepció de la malaltía al mateix temps que'l descobriment, per la sola inducció, de tot un univers invisible. Així, doncs, els coneixements fonamentals sobre els quals descansa nostra concepció del món vivent, tenen un origen francès.»

Lo mateix passa en el domini de les altres ciencies, les matemàtiques pures, la física general, l'òptica, etzètera. Per tot noms de francesos als quals forces vegades s'hi ajunten els noms de dignes èmuls estrangers.

On són els savis alemanys? On és la ciencia alemanya? «No cal pas confondre, diu M. Emili Picard, l'augmentació del rendiment científic amb el progrès real de la ciencia». Als ulls d'una part mal informada de l'opinió pública europea, la pretesa ciencia alemanya

science allemande bénéficie de cette confusion. Les Allemands, exception faite pour quelques noms, ont eu seulement l'habileté d'exploiter, de mettre en œuvre les travaux et les découvertes des autres: ce sont des marchands, des fabricants âpres au gain, des falsificateurs souvent; ce ne sont pas des savants.

Il y a encore la philosophie allemande et surtout le kantisme: Je viens de lire un éloge du kantisme dans un journal carliste c'est-à-dire très religieux et profondément respectueux de l'orthodoxie romaine. J'avertis son auteur que, malgré ses réserves, il verse du poison à ses dévots lecteurs: leurs âmes seraient moins en danger s'ils lisaient *La Campana de Gracia* et *El Motin*.

« Kant, dit le manifeste de l'Institut catholique, n'a-t-il pas posé en principe que chacun doit agir de telle sorte que ses actes puissent être érigés en règle *universelle*, laissant à la conscience *individuelle* le soin de juger si la condition est remplie? »

Toute l'Allemagne contemporaine est dans ce sophisme kantien à l'aspect si séduisant pour un lecteur superficiel et dans quelques autres de ses disciples. C'est en vain qu'on essaie de nous faire croire qu'il y a deux Allemagnes, celle du militarisme et du despotisme prussien qu'il faut abhorrer et celle des savants et des philosophes qu'il faut continuer à vénérer. Elles sont solidaires, ou plutôt elles n'en font qu'une: Guil-

beneficia d'aqueixa confusió. Els alemanys, escepció feta d'alguns noms, han tingut solament l'habilitat d'esplotar, de posar en obra els treballs i els descobriments dels altres; són marxants, fabricants afamats de ganancies, falsificadors molt sovint; no són pas savis.

Hi hà encara la filosofia alemanya, i, sobretot, el kantisme! Acabo de llegir un elogi del kantisme en un diari cerlista, és a dir, religiós i profondament respectuós de l'ortodoxia romana. Jo advertesc al séu autor que, malgrat ses reserves, serveix veneno als séus devots lectors; llurs ánimes estarien en menys perill si llegissin *La Campana de Gracia* o *El Motín*.

«Kant—diu el manifest de l'Institut catòlic—no ha posat en principi més que cadascú deu obrar de tal manera que sos actes puguin éssser erigits en regla *universal*, deixant a la conciencia *individual* el cuidado de jutjar si la condició es completa?»

Tota l'Alemanya contemporània està dins d'aquest sofisme kantià d'aspecte tan seduidor per un lector superficial i dins d'alguns d'altres de sos deixebles. Es en va que's busqui fer-nos creure que hi hà dues Alemanyes: la del militarisme i el despotisme prussià que s'ha d'aborrir, la dels savis i dels filosops que cal continuar venerant. Les dues són solidaries o més aviat no'n fan més que una: Guillem II, sos ministres i son poble, practiquen les lliçons dels seus filosops.

Iaume II, ses ministres et son peuple appliquent les leçons de leurs philosophes.

Despuis cinquante ans le kantisme, avec ses principes d'anarchie intellectuelle et morale, pèse sur l'Europe entière comme le plus lourd des cauchemars. La France en a été particulièrement infestée, elle, la patrie de Descartes, de Bossuet et d'Auguste Comte. Aujourd'hui, elle secoue le joug et tend les bras vers la Lumière. Mais l'envoûtement a été tel que quelques uns de ses esprits les plus distingués n'ont pas encore ouvert complètement les yeux et gardent le silence sur les méfaits du kantisme. M. Boutroux, par exemple, dans sa belle étude publiée par la *Revue des Deux-Mondes* a omis de parler des responsabilités de Kant:

«M. Boutroux, écrit Charles Maurras, a négligé de voir ou de dire l'essentiel: savoir que depuis le seizième siècle, par la doctrine du libre examen et de la souveraineté du sens propre, l'Allemagne, autrefois participante de la civilisation européenne, a fait schisme, puis regression, puis un vrai retour à l'état sauvage; que la science de l'Allemagne, bénéficiant de la vitesse acquise, s'est développée d'une part, mais que sa philosophie théologique et morale a été, d'autre part, en recul constant, car l'individualisme absolu, tel qu'il se dessina chez Kant, dut aboutir à un anarchisme sauvage, l'anarchie de chaque être pouvant faire un dieu de son «moi»; que cette apothéose du «moi» se tourna, grâce à Fichte, à diviniser le «moi» allemand, la nature de l'Allemagne considérée comme être parfait, type pur, modèle absolu de toute chose, et qu'ainsi toutes

Després de cinquanta anys, el kantisme, amb els seus principis d'anarquia intelectual i moral, pesa sobre l'Europa entera com el més apesarat insomni. La França n'ha estat particularment infestada, ella, la patria de Descartes, de Bossuet i de l'August Comte. Avui, en sacut el jou i allarga les mans vers la llum. Més la fatilleria ha sigut tal, que alguns de sos esperits dels més distingits, encara no han obert completament els ulls a la raó i callen sobre els malfets del kantisme. M. Boutroux, per exemple, dins son bell estudi publicat per la *Revue des Deux Mondes*, ha omès parlar de les responsabilitats de Kant.

«M. Boutroux—escriu Carles Maurras—ha neglijat veure o dir lo essencial, això, és, que d'ençà del segle XVI, per la doctrina del lliure exàmen i de la sobiranía del seny propi, l'Alemanya, abans participadora de la civilització europea, ha fet cisma, després regressió, després un veritable retorn a l'estat selvatge; que la ciencia alemanya, aprofitant-se de l'empenta adquirida, s'es desenrotllada d'una part, més que sa filosofia teològica i moral ha sigut, d'altra part, un retrocés constant, car l'individualisme absolut, tal com se dibuixa en Kant, deu acabar en un anarquisme selvatge, l'anarquia de cada ésser podent fer un Déu de son «jo»; que aqueixa apoteosi del «jo» retorna, gracies a Fichte, a divinitzar el «jo» alemany, la natura de l'Alemanya considerada com un ésser perfecte, tipe pur, model absolut de totes les coses, i que així totes les aberracions, totes les grosseries, totes les ferocitats, naturalment implicades en el caràcter alemany, se tro-

les aberrations, toutes les grossièretés, toutes les férocités, naturellement impliquées dans le caractère allemand se trouvèrent monstrueusement accrues et multipliées par le culte systématique, officiel, public que leur faisait accorder la morale en cours. Il n'y eut plus ni vrai ni faux ni bien ni mal, mais seulement allemand et non allemand comme, dans le jargon de la même école, moi et non-moi. De là la conception de «science allemande». De là une morale allemande. De là l'abolition de toute connaissance et de toute vertu qui se flatteraient d'être défavorables ou simplement extérieures à l'Allemagne. De là une anarchie intérieure très complète et ramenant dans la direction de la sauvagerie, bien que coïncidant avec toutes les ressources matérielles que la civilisation met au service de toutes les nations».

Cette page de Maurras est si parfaite, elle condense si bien les vérités à dire et à propager pour guérir le monde malade, qu'après l'avoir lue il m'a été impossible d'exprimer les mêmes idées avec mon pauvre style personnel. Je l'ai donc copiée. Mes lecteurs y gagneront.

Les raisons invoquées par Maurras s'imposent avec une telle force—celle de la logique et de la santé—que quelques jours après, en une conférence à Londres, M. Boutroux se décidait à inculper Kant.

baren monstruosament crescudes i multiplicades per el culte sistemàtic, oficial, públic, que li feu concedir la moral en curs. Ja no hi hagué veritat ni mentida, ni bé ni mal, sols hi hagué alemany i no alemany, com, en l'argot de la mateixa escola, «jo» i el «no jo». D'aquí la concepció d'una ciencia alemanya, d'aquí una «moral alemanya». D'aquí l'abolició de tot coneixement i de tota virtut que's vantessen d'ésser desfavorables o simplement exteriors a l'Alemanya. D'aquí una anarquia interior molt completa i encaminant dretament cap a la selvatgeria, si bé coincidint amb tots els elements materials que la civilització posa al servei de totes les nacions.»

Aquesta plana d'en Maurras es tan perfecta, condensa tan bé les veritats a dir i a propagar per curar el món malalt, que després d'haver-la llegida, m'ha estat impossible d'expressar les mateixes idees amb mon pobre estil personal. Jo, doncs, l'he copiada. Els meus lectors hi guanyaràn.

Les raons invocades per en Maurras s'imposen amb una tal força,—la de la llògica i de la salut—que alguns dies després, en una conferencia a Londres, M. Boutroux se decidí a inculpar a Kant.

Quand quelque Barcelonais germanophile vante les philosophes allemands je pense aussitôt au *Catalan de La Manche* de notre exquis Rusiñol, à ce pauvre ouvrier devenu anarchiste et fou pour avoir trop lu les livres de philosophie et de sociologie.

—Je suis déterministe, dit-il.

—Qu'est-ce que cela? dit le vicaire avec un sourire aux lèvres.

—Je suis déterministe et moniste!

—Mais qu'est-ce donc? je vous le demande.

—Le monisme est notre religion à nous qui cherchons au moyen de la Raison le triple Idéal: Vérité, Beauté et Vertu! répondit le Catalan comme s'il eût chanté l'absoute de quelque chevalerie laïque. C'est l'unique religion prouvée par la science. C'est ce qui vous tuera, sachez-le bien! C'est le plus au-delà! L'éternité mesurée des énigmes de l'univers par Hæckel! Par notre grand Hæckel! Voilà ce que c'est que le monisme!

—Cet Hæckel est un fanatique, dit le vicaire.

Parlerai-je encore des carlistes qui, au point de vue politique, sont germanophiles parce qu'ils s'imaginent que Guillaume vainqueur détrônerait Alphonse XIII, le remplacerait par don Jaime auquel il ferait cadeau de tout le Maroc, de la province d'Oran, de Gi-

* * *

Quan algun barceloní germanòfil esventa els filosops alemanys, jo penso desseguida amb *El Català de la Manxa*, de nostre exquisit Rusiñol, an aquell pobre obrer convertit en anarquista i foll per haver llegit massa els llibres de filosofia i sociologia.

—Soc determinista—diu.

—I això què és?—digué'l vicari amb aquell somriure en els llavis.

—Soc determinista i monista.

—Però què és això? pregunto.

—Monista és la religió dels que cerquem per la Raó els tres ideals: Veritat, Bellesa i Virtut!—va respondre el català, com qui canta unes absoltes de cavalleria laica.—Es l'única religió comprovada per la ciencia. Es lo que'ls ha de matar a vostès, perque ho sàpiguen! El més enllà! l'eternitat mesurada dels enigmes de l'univers, per Haeckel! Pel nostre gran Haeckel! Aquí ho té, lo que és el monisme!

—Aquest Haeckel és un fanàtic,—digué el vicari.

* * *

Tindré de parlar també dels carlistes, que al punt de vista polític, són germanòfils perque se imaginen que Guillem, vencedor, destronaría an Alfons XIII, posant al séu lloc a D. Jaume, al qual faría present de tot el Marroc, de la provincia d'Orán, de Gibraltar i

braltar et du Roussillon? Il est inutile de répliquer à de pareilles naïvetés.

Au point de vue religieux, ils épuisent tout le vocabulaire des injures contre «la France de Combes et de Viviani», mais ils exaltent les vertus et les sentiments religieux de l'Allemagne luthérienne, et ils parlent de son empereur comme d'un héros et d'un saint; ils vont même, pour sauver leur fausse situation, jusqu'à laisser entendre qu'il est secrètement catholique, ce Guillaume qui, il y a quelques années, écrivait une lettre d'injures à une de ses parentes, la landgravine de Hesse convertie au catholicisme: «Tu accèdes à cette superstition romaine *dont je considère la destruction comme le but suprême de ma vie*». En Orient on fait croire aux musulmans que le même kaiser est secrètement converti à l'Islam.

Il est regrettable qu'il n'y ait pas parmi les carlistes un savant théologien qui élève la parole. Il leur démontrerait, avec une science et une autorité que ne peut avoir un laïque français, que, même si la France était irréligieuse, ce qui est faux, elle serait pour la foi des catholiques espagnols et italiens un danger beaucoup moins grand que l'Allemagne luthérienne surtout depuis que le luthérianisme s'est aggravé de kantisme et de fichtéisme; il leur dirait que les schismatiques et les hérétiques font plus de mal que les sceptiques et les athées et que le moindre pasteur protestant est plus redoutable que M. Le Dantec.

Peut-être leur raconterait-il que le chef du positivisme français, Auguste Comte, reconnaissant la force,

del Rosselló? Es inútil replicar a semblants candideses.

Al punt de vista religiós, agoten tot el vocabulari d'injuries contra «la França d'en Combes i d'en Viviani», mes exalten les virtuts i els sentiments religiosos de l'Alemanya luterana i parlen de son Emperador com d'un hèroe i d'un sant. Per a salvar sa falsa situació, van fins a deixar entendre que és secretament catòlic, aqueix Guillem que no hi ha pas molts anys, escrigué una lletra plena d'injuries a una de ses parentes, la landsgravina d'Hesse, convertida al catolicisme: «Tu accedeixes an aquesta supersticio romana *de la qual jo considero la destrucció com la fi suprema de ma vida.*» En Orient han fet creure als musulmans que aquest mateix Kaiser està secretament convertit al Islam.

Es llàstima que no hi hagi entre'ls carlistes un savi teòleg que enlairi la vèu. Els demostraría amb una ciencia i una autoritat que no pot tenir un llec francès, que encara que la França sigués irreligiosa (çò que's fals) seria per la fè dels catòlics espanyols i italians un perill molt menys gran que l'Alemanya luterana, sobre tot d'ençà que'l luteranisme se's agravat de kantisme i de fichtisme; els diria que'ls cismàtics i els heretges fan més mal que'ls escèptics i els ateus i que'l més infim pastor protestant és més temible que M. Le Dantec.

Tal vegada els contaría que'l quefe del positivisme francès, l'August Comte, regoneixent la força, la bellesa i l'utilitat de l'Esglesia romana, hauría volgut fer aliança amb els jesuites per posar, d'acord amb

la beauté et l'utilité de l'Eglise romaine, aurait voulu faire alliance avec les jésuites pour mettre, d'accord avec eux, de l'ordre et de la discipline dans les sociétés humaines.

Comme je ne suis théologien ni Espagnol, je me bornerai à rappeler à ces catholiques carlistes une anecdote historique bien connue.

Un jour, Louis XIV apprenant qu'un gentilhomme avait des relations avec un solitaire de Port-Royal demanda, en fronçant les sourcils, s'il était janséniste.

—Lui? répondit un courtisan. Sire, c'est un athée!

—Ah! tant mieux! dit Sa Majesté Très-Chrétienne; je préfère cela.

Les catholiques qui considèrent ce *tant mieux* comme une boutade peuvent être des gens fort dévots; mais ils n'ont pas *l'intelletto sano*.

Je doute, ô Xenius, que vous deviez quelque chose de bon à ce fléau de la civilisation qu'on appelle Kant; mais je suis certain d'une chose c'est que vous devez presque tout à Mistral, car sans lui vous n'existeriez guère, ni vous, ni Cambó, ni la Lliga de Catalunya, ni le régionalisme catalan. Vous êtes trop érudit pour que je vous apprenne que Mistral est le plus haut génie méditerranéen—c'est-à-dire humain—du monde contemporain. Vous savez que les promoteurs de tous les mouvements régionalistes d'Europe se disent ses disciples et demandent des leçons à sa vie si exemplaire

ells, l'ordre i la disciplina dins les societats humanes.

Mes, com jo no soc ni teòleg ni espanyol, me limitaré a recordar an aqueixos catòlics carlistes una anècdota històrica ben coneguda.

Un dia, Lluís XIV sabent que un gentilhome tenía relacions amb un solitari de Port-Royal, demanà, tot arrugant les celles, si era jansenista.

—Ell?—respongué un cortesà.—Senyor, és un ateu!

—Ah! tant millor—feu Sa Magestat cristianíssima; —m'agrada més aixís.

Els catòlics qui consideren aqueix *tant millor* com un estirabot, poden ésser molt bons devots, més no tenen pas *l'intelletto sano*.

Jo dubto, oh *Xenius!* que degueu res de bò an aquest flagell de la civilització que's nomena Kant, però estic cert d'una cosa, i és que vos ho deveu quasi tot an en Mistral, car sens ell vos casi no existiríeu, ni vos, ni en Cambó, ni la Lliga de Catalunya, ni el regionalisme català. Vos sou massa erudit perque me calgui ensenyar-vos que en Mistral és el més alt geni mediterrani, és a dir, humà, del món contemporani. Vos sabeu que'ls promotors de tots els moviments regionalistes d'Europa se diuen sos deixebles i demanen lliçons a sa vida tant exemplar i tan pura, a sa doctri-

et si pure, à sa doctrine politique issue non de nuées métaphysiques mais de la conscience de sa race et de la tradition, à sa poésie telle que depuis Dante les sirènes de notre Mer n'avaient rien entendu de si beau. Mistral est le Père de la Provence, mais il est aussi un peu le Père de la Catalogne. Votre mouvement de politique régionaliste est né d'une renaissance littéraire laquelle est fille de la renaissance provençale mistralienne. Certes, avant Mistral il y a eu des écrivains catalans et même des régionalistes; il y en a eu aussi en Provence: Mistral est un chêne inmense et les chênes ne poussent pas spontanément au milieu des déserts. Mais son influence est si considérable qu'il n'est pas trop aventuré de croire que s'il n'avait pas écrit, chanté et agi, s'il n'avait pas réveillé les Catalans, s'il ne les avait pas fait participer à sa gloire universelle, s'il ne les avait pas encouragés à reprendre une œuvre commune interrompue pendant des siècles,—vous écririez, ô Xenius, des gloses subtiles, mais ce serait en castillan. Cambó avocat prononcerait de brillantes plaidoiries, mais en castillan aussi; peut-être serait-il député d'un district quelconque, mais il ne serait pas l'illustre apôtre régionaliste qu'il est pour le bien de la Catalogne et de l'Espagne entière.

Par votre propagande germanophile, vous et vos amis, vous reniez Mistral, vous reniez vos morts, vous reniez une civilisation huit fois séculaire. Au lieu de perfectionner votre être suivant le rythme de cette civilisation et de la tradition, vous voulez vous assimiler une barbarie que vous appelez une civilisation su-

na política eixida, no de nebulositats metafísiques, sino de la consciencia de sa raça i de la tradició, a la seva poesía tal que, del Dant ençà, les sirenes de la nostra Mar no havíen sentit res de tan bell. Mistral és el Pare de la Provença, però també és un poc el Pare de la Catalunya.

Vostre moviment de política regionalista és nat d'una renaixença literaria que és filla de la renaixença provençal mistraliana. Ben cert que abans d'en Mistral hi havía hagut escriptors catalans i fins regionalistes; també n'hi havía hagut a Provença: en Mistral és un roure immens, i els roures no creixen pas espontaniament al mig dels deserts. Sa influencia és tan considerable, que no és pas molt aventurat de creure que si ell no hagués escrit, cantat i obrat, si ell no hagués pas desvetllat als catalans, si ell no els hagués fet participar de sa gloria universal, si ell no els hagués encoratjat a rependre una obra comuna, interrompuda durant segles, vos escriurieu, oh *Xenius!* gloses sobtils, mes les escriurieu en castellà. Cambó, advocat, pronunciaria brillants discursos, però també en castellà; tal vegada seria diputat per un districte qualsevol, mes no seria pas l'il·lustre apòstol regionalista que avui és, pel bé de la Catalunya i de l'Espanya entera.

Per vostra propaganda germanòfila, vos i els vostres amics, renegueu d'en Mistral, renegueu de vostres morts, renegueu d'una civilització vuit cops secular. En lloc de perfeccionar vostre ésser seguint el ritme d'aqueixa civilització i de la tradicció, vos voleu assimi-

périeure. Les Allemands fussent-ils des civilisés et même des civilisés supérieurs, il vous est aussi impossible de devenir leurs semblables dans votre art, votre littérature et vos mœurs que de modifier radicalement la composition chimique des globules de votre sang, celle de l'air qui vous pénètre et d'anéantir la poussière des soldats de Jacques le Conquérant incorporée à la riche terre catalane. Mais vous pourriez être leurs reflets vus dans un miroir déformant. Et ce ne serait pas quelque chose de beau.

Comme vous le voyez, je donne aux mots «fraternité catalane» un sens plus étendu que ne paraît comporter l'article d'Aguiló. Cette fraternité ne s'arrête pas aux limites du Roussillon et de la Cerdagne. Il y a une fraternité catalano-provençale; elle a existé dans un passé si splendidement évoqué par les strophes mistraliennes; elle a été renouvelée dans le présent par le même Mistral. L'évêque de Perpignan vous le rappela l'an dernier. Croyez-vous que monseigneur de Carsalade pourrait revenir à Barcelone présider des Jeux Floraux si les germanophiles y faisaient la loi? Vous seriez peut-être satisfait de le remplacer par le féroce sémite prussien Maximilien Harden. Mais on ne trouvera pas deux douzaines de Catalans pour partager cette opinion.

lar una barbarie que nomeneu una civilització superior. Encara que'ls alemanys siguessin civilitzats i fins civilitzats superiors, vos seria igualment impossible devenir els séus semblants en vostre art, en vostra literatura i en vostres costums, com de modificar radicalment la composició química dels glòbuls de la vostra sang, la del aire que vos penetra i d'anihilar la polç dels soldats de Jaume el Conqueridor incorporada a la rica terra catalana. Solament podríeu aconseguir ésser llurs reflexes vistos dins un mirall deformant. Mes això no seria pas res de bell.

Com veieu, jo dono als mots «germania catalana» un sentit més ample de lo que sembla comportar l'article de l'Aguiló. Aqueixa germania no s'acaba pas als límits del Rosselló i de la Cerdanya. Hi hà una germania catalana-provençal, germania que ha existit en un passat esplendentíssim evocat per les estrofes mistralianes; ella ha estat renovellada, dins el present, pel mateix Mistral. El Bisbe de Perpinyà, vos la recordà l'any darrer. Creieu que monsenyor de Carsalade podria vindre de nou a Barcelona a presidir els Jocs Florals si els germanòfils hi feieu la llei? Pot-ser vos donaríeu per satisfets reemplaçant-lo pel ferotge jueu prussià Maximilià Harden. Mes no's trobarien pas dues dotzenes de catalans que pensessin com vosaltres.

LA CATALOGNE ET LES GERMANOPHILES

**

Je vous défie de lire désormais sans remords certaines pages de Mistral, par exemple son *Ode à la Race latine:*

> A l'étincelle des étoiles
> Allumant ton flambeau,
> Dans le marbre et sur la toile
> Tu as rêvé la beauté suprême.
> De l'art divin tu es la patrie,
> Et toute grâce vient de toi!
> Tu es la source de l'allégresse
> Et tu es la jeunesse éternelle.
>
> Des formes pures de tes femmes
> Les Panthéons se sont peuplés...

Dites-moi, ô Xenius, est-ce avec les formes des femmes prussiennes que vous peuplerez de futurs Panthéons? La laideur, la vulgarité, l'absence de grâce chez ces femmes suffirait pour dégoûter de l'Allemagne un peuple d'artistes comme le vôtre; les Allemandes sont abandonnées des divinités... Mais terminons la lecture de la strophe, ne fût-ce que pour nous laver les yeux:

> A tes triomphes, à tes larmes,
> Tous les cœurs ont palpité,
> La terre fleurit quand tu es en fleur;
> De tes folies chacun devient fou,
> Et de l'éclipse de ta gloire
> Toujours le monde a pris le deuil.

Jo us repto des d'ara a llegir sens remordiments algunes planes de Mistral, per exemple sa *Oda a la raça llatina:*

> A l'espurneig de les esteles
> encenent el teu flamell,
> dins el marbre i damunt la tela
> tu has somniat la bellitat suprema.
> De l'art diví tu ets la patria
> i tota gracia ve de tu!
> Tu ets la font de l'alegria
> i tu ets la joventut eternal.
>
> De les formes pures de tes dònes
> els Panteons se son poblats.

Digueu-me, oh *Xenius!* és amb les formes de les dònes prussianes que vos poblareu els futurs Panteons? La lletgesa, la vulgaritat, l'absencia de gracia en aqueixes dònes, seria suficient per desenamorar de l'Alemanya un poble d'artistes com el vostre. Les alemanyes estàn deixades de la mà de Déu... Mes acabem la lectura de l'estrofa, encar que no siga més que per rentar-nos els ulls:

> A tos triomfs, a tes llàgrimes,
> tots els cors han bategat,
> La terra floreix quan tu floreixes;
> de tes folhes tots enfolleixen,
> i de l'eclipsis de ta gloria
> sempre el món s'és endolat.

C'est à ce sentiment de piété filiale qu'obéissait le Catalan français Violet quant, à Paris, le jour du désastre de Cavite, il arborait le drapeau espagnol à sa fenêtre en face d'une maison américaine pavoisée et criait: «Vive l'Espagne! vive l'Espagne malgré tout!»

Et ce *malgré tout* était un acte de foi.

* * *

J'ai écrit le nom de Cambó à côté de celui de Xenius; cela ne veut pas dire que j'adresse au premier les mêmes critiques qu'à celui-ci. Xenius n'est qu'un littérateur qui n'engage que sa personnalité, c'est-à-dire peu de chose. Cambó est l'un des chefs du parti régionaliste au Parlement espagnol. Certains prétendent qu'il est germanophile, mais jamais, ni au Congrès ni dans la presse, il n'a adressé des offenses à la France ni de plates louanges à l'Allemagne. Il observe une stricte neutralité. Ce n'est pas un rhéteur ni un rêveur; c'est un homme pratique; il a le sens des réalités et le sentiment des responsabilités. Il n'est pas pourri de kantisme; il est trop sain pour cela. Il est prudent, très prudent; peut-être l'est-il un peu trop, à mon humble avis du moins, il pousse à l'excès quelques qualités de sa race. N'oublions pas que c'est la race de Joffre sur les fortes épaules de qui pèsent les destinées du monde, la race à laquelle se flattait d'appartenir, par sa grand mère, Louis XI, l'un des plus grands de nos rois, qui a utilisé les qualités du génie catalan pour travailler au rassemblement des terres françaises.

Es an aquest sentiment de pietat filial que obeí el català francès Violet quan a París, el jorn del desastre de Cavite, arborà la bandera espanyola a sa finestra davant per davant d'una casa americana engalanada i cridà: «Visca Espanya! Visca Espanya malgrat tot!»

I aquest *malgrat tot* era un acte de fè.

* * *

Ha escrit el nom d'en Cambó al costat del d'en *Xenius;* això no vol pas dir que dirigeixi al primer les mateixes crítiques que dirigesc al segon. *Xenius* és un literat que no compromet més que la seva personalitat, és a dir, molt poca cosa. Cambó és un dels quefes del partit regionalista al Parlament espanyol. Alguns pretenen que és germanòfil, però jamai, ni al Congrés ni a la Premsa, ha adreçat injuries a la França ni tontes alabances a l'Alemanya. Ell observa una estricta neutralitat. No és pas un retòric ni un somniador; és un home pràctic, té el sentit de la realitat i el sentiment de les responsabilitats. Tampoc està podrit pel kantisme, és massa sà per això. Es prudent, molt prudent; tal cop n'és una mica massa, al menys en mon humil parer. Porta al excés algunes qualitats de la seva raça. No cal oblidar que és la raça d'en Joffre, sobre les fortes espatlles del qual pesen els destins del món, la raça a la qual se ventava de pertenèixer, per part de la seva avia, Lluis XI, un dels més grans dels nostres reis, el qual utilitzà les qualitats del geni català per a reunir i agermanar les terres franceses.

Cambó ne m'a pas fait de confidences, mais je suis convaincu qu'il a haussé les épaules après avoir lu — en admettant qu'il l'ait lu — le réquisitoire que Xenius est allé prononcer à Madrid contre l'Angleterre: «Les Anglais sont des égoïstes qui ne songent qu'à leur propre intérêt? a-t-il dû penser. Ils ont raison, ô Xenius! Où voulez-vous en arriver avec vos déclamations contre eux? Un jour peut-être l'Angleterre, dans son égoïsme, nous rendra un service immense sans même que nous ayons besoin de l'en remercier. Ce jour-là, vous ferez son éloge; cela n'aura pas plus d'importance que vos attaques.»

Le très prudent Cambó ne se mettra pas dans le cas d'avoir à faire des palinodies.

On a beaucoup reproché à Cambó cette phrase d'un de ses articles de *La Veu de Catalunya*: «Si les cas arrivait (que notre neutralité ne fût pas respectée), j'espère que nous n'aurons pas la tentation d'imiter la Belgique.» Ces paroles, pour être bien comprises, ne doivent pas être isolées de celles qui suivent: «Sous l'impulsion d'un idéal on peut faire tous les sacrifices; quand il n'y a pas d'idéal — et telle est la honteuse réalité (en Espagne) — une résistance inutile est quelque chose de plus qu'une fanfaronnade quichottesque; c'est presque un crime de lèse-patrie.»

Cambó estime donc que si la neutralité de l'Espa-

En Cambó no m'ha fet pas cap confidencia, més jo estic cert que haurà alçat les espatlles després de haver llegit—admetent que l'hagi llegida—la requisitoria que en *Xenius* és anat a pronunciar a Madrid contra l'Anglaterra. «Els anglesos són uns egoistes que no més pensen amb son propi interès?, deu haver pensat. Ells tenen raó, oh *Xenius!* On voleu arribar amb les vostres declamacions contra ells? Un jorn, pot-ser, l'Anglaterra, amb son egoisme, nos prestarà un servei immens fins i tot sens que nosaltres tinguem necessitat de remerciar-li. Aquell dia vos fareu son elogi, i això no tindrà pas més importancia que'ls vostres atacs d'avui.»

El prudentíssim Cambó no caurà pas en el perill d'exposar-se a haver de cantar la palinodia.

S'ha criticat an en Cambó aquesta frase d'un de sos articles de *La Veu de Catalunya*:

«Si aquest cas arriba (que la nostra neutralitat no sigués respectada), jo desitjo que no tinguem la temptació d'imitar a Bèlgica.»

Aquestes paraules, per ésser degudament compreses, no deuen pas separar-se d'aquestes que segueixen:

«Al impuls d'un ideal poden fer-se tots els sacrificis; quan l'ideal no hi és, i aquesta és la vergonyosa realitat (a Espanya), una resistencia inútil és quelcom

gne était violée par l'un quelconque des belligérants, les Espagnols ne devraient pas imiter l'exemple de la Belgique parce qu'il n'y a pas chez eux un idéal, un sentiment patriotique intense et générateur d'héroïsme. Je n'ai pas à discuter ici cette opinion de Cambó sur ses concitoyens contre laquelle quelques uns n'ont pas manqué de protester. Quelques jours après, à propos du congrès de Vienne en 1815 dans lequel l'Espagne ne joua aucun rôle, il écrivait: «Le gouvernement d'Espagne ne demanda rien parce que le peuple espagnol ne désirait rien, *et le gouvernement ne sut pas suppléer à l'absence d'idéal du peuple espagnol.*»

Un gouvernement peut donc et doit agir dans l'intérêt de la nation sans que le peuple le demande ni le désire! Il y a donc des créateurs d'idéal et d'héroïsme, des maîtres, des chefs, comme il y a des pères qui pensent et agissent à la place des enfants ignorants et savent faire agir ces enfants. Avec de vrais chefs, de vrais créateurs, cette action décisive n'est pas limitée, comme le prétend Cambó, au terrain de la diplomatie.

Albert Premier est un de ces hommes. Dans des circonstances identiques le chevaleresque Alphonse XIII ferait de même. Ils honorent l'un et l'autre le métier de roi: le sang latin domine dans leurs veines.

més que una fanfarronada quixotesca; és quasi un crim de lesa patria.»

En Cambó estima, doncs, que si la neutralitat de l'Espanya sigués violada per algun dels bel·ligerants, els espanyols no deurien imitar l'exemple de la Bèlgica, per lo mateix que no hi hà en la nació un ideal, un sentiment patriòtic intens i generador d'heroísme. Jo no tinc per què discutir aquí aquesta opinió d'en Cambó sobre els séus conciutadans, contra la qual alguns no han deixat de protestar.

Alguns dies després, a propòsit del Congrés de Viena de 1815 en el qual l'Espanya no hi jugà cap paper, el mateix Cambó escrivia: «El govern d'Espanya no demanà res perque el poble espanyol no desitjava res, *i el govern no sapigué suplir la manca d'ideal del poble espanyol.*»

Un govern pot, doncs, i deu obrar en interès de la nació sens que'l poble ho demani ni ho desitgi. Hi hà, doncs, creadors d'ideal i d'heroísme, mestres, quefes, com hi hà pares que pensen i obren per sos fills ignorants i saben fer obrar als séus fills. Amb veritables quefes, amb veritables creadors, aquesta acció decisiva no és pas limitada, com ho pretén en Cambó, al terreny diplomàtic. Albert I és un d'aquests homes. En circumstancies idèntiques, el cavallerós Alfons XIII faria lo mateix. L'un i l'altra honoren l'ofici de rei: la sang llatina domina dins llurs venes.

LA CATALOGNE ET LES GERMANOPHILES

* * *

Par son héroïsme et une beauté morale qui font déjà de lui une figure de légende, le roi Albert a accompli un miracle car il a créé en quelques semaines ce qui n'est, d'habitude, que l'oeuvre lente du temps. La Belgique était un Etat un peu artificiel; c'est désormais une nation. Les Flamands qui avaient des tendances germaines si accentuées qu'ils laissaient les Allemands accaparer peu à peu Anvers ne sont pas les patriotes les moins ardents de la jeune nation.

Ne laissez donc pas croire, ô Cambó, que votre épithète «quichottesque» s'adresse au roi Albert. Ce n'est pas à lui que vous pensiez en l'écrivant mais à certains de vos compatriotes. Rien n'est plus opposé à l'esprit catalan que le quichottisme. Les grands comtes de Barcelone, les rédacteurs du Consulat de la mer, Raymond Lulle tout Docteur Illuminé qu'il fût, Louis XI, n'étaient pas des Quichottes; ils n'étaient pas non plus des Sancho-Panças. Joffre n'est ni l'un ni l'autre. Chez les robustes Catalans il y a un équilibre parfait. Aussi, je voudrais les avertir qu'ils auraient tort si, par crainte du quichottisme, ils tombaient dans le sanchopançisme.

Non! il est impossible de comparer au chevalier de la Manche l'homme qui, comme lui, a mis l'honneur au-dessus de tout mais est parvenu à deux résultats: en opposant au flot des barbares une barrière qui a contribué puissamment au salut de la civilisation il a, au milieu des canons et des torches incendiaires, forgé

Per son heroïsme i per una bellesa moral que fan d'ell una figura de llegenda, el rei Albert I ha complert un miracle, car ell ha creat en algunes setmanes això que no sol ésser sinó l'obra lenta del temps. La Bèlgica era un Estat un poc artificial; d'ara en avant és una nació. Els flamants que tenien tendencias germàniques molt accentuades, que deixaven als alemanys acaparar poc a poc Anvers, no són pas ara els menys ardents patriotes de la jove nació.

No deixeu pas creure, oh Cambó! que vostre epítet «quixotesc» vagi contra el rei Albert. No és pas amb ell que pensaveu tot escrivint-lo, sinó amb alguns de vostres compatriotes. Res és més oposat al esperit català que'l quixotisme. Els grans Comtes de Barcelona, els qui redactaren el Llibre del Consolat de Mar, en Raimón Llull, tant doctor il·luminat com era, Luis IX, no eren pas Quixots. Menys eren encara Sanxos Pances; en Joffre no és l'una ni l'altra cosa. En els robustes catalans s'hi troba un equilibri perfecte. Aixís, doncs, jo els voldría avisar que farien mal si per temor del quixotisme caiguessin en el sanxopancisme.

No! és impossible comparar al cavaller de la Manxa l'home qui, com ell, ha posat l'honor per sobre de tot i ha arribat a dos resultats: tot oposant a l'onada dels barbres una barrera que ha contribuit poderosament a la salut de la civilització, ha lograt, entre mig dels canons i de les antorxes incendiaries, forjar

pour l'admiration et l'exemple des siècles l'unité d'une nation.

*

L'unité de la nation française est définitive et si parfaite que rien ne peut l'ébranler. Certes, il y a chez nous un mouvement régionaliste de plus en plus intense. Provençaux, Catalans, Bretons, réclament des franchises provinciales et le respect de leur langue. Cependant, vous ne trouverez nulle part, pas même dans un hôpital de fous, un Catalan de Perpignan qui rêve d'une Catalogne indépendante ou annexée à l'Espagne. Mais chez ces Catalans français la tendresse pour la mère Catalogne s'harmonise si bien avec l'amour de la France que, sans aucune infidélité à celle-ci, ils tournent leurs reguards et leurs voeux vers Barcelone comme vers un foyer familial.

Aujourd'hui dans les tranchées, pendant de rares heures de sommeil, des milliers de soldats du généralissime Joffre songent à leurs frères de l'autre côté des Pyrénées, à la capitale de leur race catalane, à la terre du premier comte souverain de Barcelone, du grand expulseur d'étrangers qui—ô bienheureuse coïncidence! — s'appelait Joffre le Poilu!

Et pendant ce temps quelques uns de ces frères se proclament germanophiles! Je vous le dis en vérité, Xenius, vous semez la discorde et la haine dans votre propre famille; et si vous ne réussissez pas à briser l'unité catalane c'est qu'on ne vous écoute point.

per admiració i exemple dels segles, l'unitat d'una nació.

* * *

L'unitat de la nació francesa és definitiva i tan perfecta, que res la pot posar en perill. Ben cert que hi hà entre nosaltres un moviment regionalista com més va més intens. Provençals, catalans, bretons, reclamen franqueses provincials i el respecte de llur llengua. No obstant, no trobareu en lloc, ni fins en un hospital de folls, un català de Perpinyà que somií en una Catalunya independent o anexionada a l'Espanya. Mes, en aquests catalans francesos, la tendresa per la mare Catalunya s'armonitza tan bé amb l'amor a la França, que, sens cap infidelitat an aquesta, giren llurs mirades i llurs afectes vers Barcelona com vers una llar familiar.

Avui mateix, dins les trinxeres, durant les rares hores de la són, milers de soldats del generalíssim Joffre pensen en llurs germans de l'altre costat dels Pirineus, en la capital de sa raça catalana, en la terra del primer Comte sobirà de Barcelona, del gran expulsador dels estrangers, qui, oh benaurada coincidencial se nomenava Joffre el Pelós.

I durant aquests temps alguns de sos germans se proclamen germanòfils! Jo vos ho dic en veritat, oh *Xenius!* vos sembreu la discordia i l'odi dins vostra propia familia, i si no reeixiu a trencar l'unitat catalana, és perque ningú vos escolta.

LA CATALOGNE ET LES GERMANOPHILES

***

Au début de ces pages je parlais d'un châtiment. Il ne se sera pas fait longtemps attendre. Je ne nie pas votre talent littéraire, ô Xenius, mais je dis qu'il n'est pas catalan et, en le disant, je ne fais que répéter l'opinion de personnes plus compétentes que moi. Je vous ai lu et je vous ai trouvé très souvent obscur. Craignant que mon incompréhnesion ne fût causée par une connaissance insuffisante de votre langue j'ai interrogé quelques littérateurs barcelonais. Ils m'ont répondu que, pour eux aussi, vous êtes obscur. Vous voilà jugé par vos pairs. Vous manquez de clarté et de précision; vous n'êtes pas latin, vous n'êtes pas catalan.

Cela provient de ce que vous avez étudié dans les universités allemandes et que vous avez subi l'empreinte de vos maîtres. J'ignore quelle est la qualité et la quantité de l'érudition qu'ils vous ont inculquée. (Ne serait-ce pas celle du tome premier des *Monumenta Germaniæ* dont quelques exemplaires auraient échappé au pilon?) Mais je sais qu'ils ont perdu votre âme.

Pourtant vous respectez votre langue, mais vos imitateurs, si vous en avez, iront plus loin que vous. La corruption de la langue suit fatalement celle de la pensée. Il reste aux germanophiles d'Espagne à germaniser le catalan et le castillan.

Ces jours-ci, un chroniqueur espagnol germanophile appelait «Weichsel» le fleuve qui passe à Varsovie. Le malheureux! Il en est à oublier le mot de «Vistula»

* * *

Al començament d'aquestes planes he parlat d'un càstig. No's farà pas esperar molt. Jo no nego pas el vostre talent literari, oh *Xenius!* mes jo dic que no és pas català, i tot dient-ho, no faig altra cosa que repetir l'opinió de persones més competents que jo. Jo vos he llegit i molt sovint vos he trobat obscur. Tement que la meva incomprensió sigués causada per una coneixença insuficient de la vostra llengua, he interrogat a alguns literats barcelonins. Tots m'han respost que, també per ells, vos sou obscur. Mireu-vos aquí jutjat pels vostres. Vos manca claretat i precisió; vos no sou pas llatí, vos no sou pas català.

Això prové de que vos haveu estudiat en les Universitats alemanyes i que haveu sofert l'emprempta dels vostres mestres. Ignor quina és la calitat i quantitat de l'erudició que ells vos han inculcat. No serà pas aquella del primer volum del *Monumentæ Germaniæ*, del qual alguns exemplars haurien escapat a la destrucció? Jo solament sé que ells han perdut la vostra ànima.

No obstant vos respecteu la vostra llengua, mes els vostres imitadors, si'n teniu, aniràn encara més lluny que vos. La corrupció de la llengua segueix fatalment la del pensament. Falta encara als germanòfils d'Espanya germanitzar el català i el castellà.

Un dia d'aquests, un cronista espanyol germanòfil nomenava *Weichsel* el riu que passa per Varsovia. L'infeliç ha arribat a oblidar el mot de Vistula amb sa

à l'harmonieuse désinence latine. C'est un détail insignifiant, me direz-vous. Non! n'y a pas de détails insignifiants. Lisez le journal germanophile de Barcelone et vous y verrez d'autres signes de l'invasion. Vous avez ouvert la porte. Logiquement, forcément, vous devez germaniser l'expression de vos pensées, vous le descendant des conquérants méditerranéens qui dictèrent des lois en catalan, en cette langue que le chroniqueur appelle *lo pus bell catalanesch del mon*, dans le royaume de Murcie, en Sardaigne, en Sicile et jusqu'au pied de l'Acropole!

* * *

L'absense de la clarté et de la précision latines se remarque aussi dans le «Manifeste des amis de l'unité morale de l'Europe» dont on dit que vous êtes le rédacteur, Eugenio d'Ors, et qu'en tout cas vous avez signé en votre qualité de «membre de l'Institut». Ce papier manque de netteté et de franchise: il n'est donc pas espagnol. Vous écrivez avec un pédantisme d'universitaire d'outre-Rhin:

«Nous nous efforcerons de donner la plus grande publicité possible à la notice de tous les faits, déclaration et manifestations se produisant dans les pays belligérants comme dans les pays neutres, où se révèle un effort pour faire revivre un sentiment de synthèse supérieure et d'altruisme généreux... Nous ne demandons rien de plus à nos amis, à notre presse, à nos concitoyens qu'un peu d'attention pour ces palpitations

armoniosa dessinencia llatina. Es un detall insignificant, me direu. No! no hi hà pas detalls insignificants. Llegiu el diari germanòfil de Barcelona i hi veureu altres senyals de l'invasió. Vos haveu obert la porta. Llògicament, forçosament, deveu germanitzar l'expressió de vostres pensaments, vos, el descendent dels conquistaires mediterranis que dictaren lleis en català, en aqueixa llengua que'l cronista nomena *lo pus bell catalanesc del món*, dins el reialme de Murcia, a Sardenya, a Sicilia i fins al peu de l'Acròpolis.

**

L'absença de la claretat i de la precisió llatines, se nota aixís mateix dins el «Manifest dels amics de l'unitat moral d'Europa», del qual se diu que vos en sou el redactor, Eugeni d'Ors, o que en tot cas vos haveu firmat en vostra calitat de «membre de l'Institut». En aqueix paper hi manca netedat i franquesa. No és, doncs, pas espanyol. Vos escriviu amb un pedantisme d'universitari d'oltra-Rhin:

«Ens esforçarem a donar la major publicitat possible a tots els fets, declaracions i manifestacions que's produeixin, bé en els països bel·ligers, bé en els neutrals, i en que's revel·li la restauració d'un sentit de síntesi superior i d'altruitat generosa... No demanem altra cosa als nostres amics, a la nostra premsa, als nostres conciutadans que una mica d'atenció a aquestes palpitacions de la realitat, un poc de respecte als interessos

de la réalité, un peu de respect pour les intérêts d'une humanité supérieure, un peu d'amour pour les grandes traditions et les riches possibilités de l'Europe une.»

Quel style! Décidément, le germanisme est en progrès.

Vous ne dites pas quels sont les ennemis de ce que vous appelez «synthèse supérieure, altruisme généreux.» Il n'y a pas dans ce manifeste un seul nom propre d'homme ou de nation. Cela pue l'insincérité et le germanisme. Mais comme, d'après vos autres écrits, on connait bien vos sentiments, on finit par comprendre à travers les nuages dont vous vous enveloppez, que les ennemis de votre synthèse supérieure et de votre humanité également supérieure sont les Français et leurs alliés et que l'altruisme généreux que vous célébrez est celui des bourreaux de la Belgique et des massacreurs d'enfants.

Combien je préfère l'autre manifeste, celui que des députés, des artistes et des savants de la Catalogne ont écrit pour dire combien ils sont fiers d'être de la race du général Joffre!

L'unité morale de l'Europe! Vous avez été bien imprudent en écrivant ces mots. Cette unité se réalisait au moyen-âge, mais les Allemands s'efforçaient de l'anéantir; ils y parvinrent au seizième siècle. La lutte entre la papauté et l'empire est un long épisode de la guerre entre la barbarie et la civilisation.

d'humanitat superiors, un poc d'amor a les grans tradicions i a les riques possibilitats de l'*Europa una.*»

¡Quin estil! Decididament el germanisme és un progrés.

Vos no dieu pas quins són els enemics d'això que nomeneu «síntesi superior, altruisme generós». No hi ha pas tampoc dins del manifest un sol nom propi de home o de nació. Això put a insinceritat i a germanisme. Mes, com segons els vostres altres escrits, hom coneix bé els vostres sentiments, se acaba per compendre a travers les nuvolades amb les quals vos embolcalleu, que'ls enemics de la vostra síntesi superior i de la vostra humanitat igualment superior, són els francesos i llurs aliats, i que l'altruisme generós que celebreu és el dels butxins de la Bèlgica i dels degolladors d'infants.

Quant més jo preferesc l'altre manifest, aquell que han escrit diputats, artistas i savis de la Catalunya per a dir lo molt que estàn orgullosos d'ésser de la raça del general Joffre!

L'unitat moral de l'Europa! Haveu estat ben imprudent al escriure aquestes paraules. Aqueixa unitat se realitzà a l'Edat Mitja, mes els alemanys forcejaren per trencar-la. Ells ho lograren al segle setze. La lluita entre el Papat i l'Imperi és un llarg episodi de la guerra entre la barbarie i la civilització.

LA CATALOGNE ET LES GERMANOPHILES

Les Allemands nous reprochent de leur avoir déclaré je ne sais combien de fois la guerre au cours des siècles derniers. Ces guerres seront l'honneur éternel de la France; elles sont parmi les plus beaux des *Gesta Dei per Francos.*

Grâce à leur nombre, à une discipline de fer et aux produits formidables d'inventions modernes dont ils ne sont pas les auteurs, ils rêvaient de nous anéantir définitivement. Ils avaient même réussi à obscurcir dans une partie du peuple italien le sens de la solidarité devant un ennemi commun. Mais l'Italie se ressaisit, et la France se lève telle qu'elle était aux plus beaux jours de son histoire. Ecoutez! ce n'est pas un poète français mais un poète italien, G. d'Annunzio, qui chantait dès le commencement du mois d'août:

«Nous sommes les nobles, nous sommes les élus, et nous écraserons la horde hideuse!»

Il faut que les Allemands soient dispersés comme les Juifs! Si vous lisiez cette phrase dans un journal français, ô Eugenio d'Ors, vous crieriez, comme dans votre manifeste, au «naufrage de l'idéal européen», vous la considériez comme attentatoire à ce que vous nommez «les valeurs éternelles, les aspirations ardentes des esprits clairvoyants et les synthèses supérieures»; vous traiteriez son auteur de criminel. Je vous avertis charitablement que ce n'est pas un Français qui condamne les Allemands en ces ter-

Els alemanys nos tiren en cara l'haver-los declarat jo no sé quantes vegades la guerra al curs dels darrers segles. Aqueixes guerres seran l'honor etern al de la França; ells són entre'ls més bells dels *Gesta Dei per Francos.*

Gracies al llur nombre, a una disciplina de ferro i als productes formidables d'invencions modernes dels quals ells no'n són els autors, somniaven en anorrearnos completament. Fins havien reeixit a obscurir en una part del poble italià el sentit de la solidaridat davant d'un enemic comú. Mes l'Italia s'és tornada en si i la França s'eleva tal com era en els més bells dies de la seva historia. Escolteu! No és pas un poeta francès sinó un poeta italià, en G. d'Annunzio, qui cantà des del començament del mes d'agost:
«Nosaltres som els nobles, nosaltres som els elects, i nosaltres esclafarem a l'horda fastigosa.»

Cal que'ls alemanys siguen dispersats com els jueus! Si vos llegissiu aquesta frase dins un diari francès, oh Eugeni d'Ors! cridarieu, com dins el vostre manifest, que això és el «naufragi de l'ideal Europeu», ho considerarieu atentatori a això que vos nomeneu «les valors eternals, les aspiracions ardentes dels esperits clarividents i les sintesis superiors»; vos tractarieu a son autor de criminal. Jo vos advertesc caritablement que no és pas un francès qui condemna als alemanys en aquests termes, és el gran alemany Gœ-

mes; c'est le grand Allemand Gœthe. Avait-il compris à quel point ses compatriotes pouvaient devenir un danger pour la culture contre laquelle ils avaient commis tant de crimes déjà?

Cependant, la dispersion des Allemands n'est ni possible ni même désirable. Il y a mieux à faire. Il faudrait les remettre en l'état politique où ils étaient au dix-huitième siècle. Quand l'Allemagne sera morcelée en un grand nombre de petits royaumes, de républiques, de villes libres et de duchés, l'Europe sera délivrée du cauchemar prussien; elle sera plus heureuse,— et les Allemands aussi par dessus le marché. Ceux d'entre eux qui savent lire et comprendre Gœthe se soumettront volontiers à la discipline classique, et l'Allemagne pourra encore donner le jour à de clairs génies comme celui de Mozart.

Si la France, à l'aide de ses alliés, parvient à ce but, elle rendra à la civilisation dont elle est la gardienne et au monde entier un service sans égal dans toute l'histoire universelle.

the. Havía ja comprès fins a quin punt els séus compatriotes podien convertir-se en un perill per la cultura contra la qual havien comès ja tants de crims?

Entretant la dispersió dels alemanys no és ni possible ni fins desitjable. Hi hà cosa millor a fer. Caldría retornar-los al estat polític en el qual se trobaven al divuitè segle. Quan l'Alemanya serà trocejada en un gran nombre de petits reialmes, de repúbliques, de ciutats lliures i de ducats, l'Europa serà desiliurada del pavorós insomni prussià. Ella serà encara més ditxosa, i els alemanys hi guanyaràn també. Aquells de entre ells que sàpiguen llegir i compendre a Goethe, se someteràn de bon grat a la disciplina clàssica i l'Alemanya podrà encara portar al món a esclarits genis com ara'l de Mozart.

Si la França, amb l'ajuda dels séus aliats, pot conseguir portar a feliç terme aquesta bona obra, prestarà a la civilització de la qual és la guardiana, i al món enter, un servei sens parió dins les planes de l'historia universal.

www.ingramcontent.com/pod-product-compliance
Lightning Source LLC
LaVergne TN
LVHW021742080426
835510LV00010B/1323